Ko ataa arana riki teuana?

Te korokaraki iroun Timon Etuare
Te korotaamnei iroun Clarice Masajo

Library For All Ltd.

E boutokaaki karaoan te boki aio i aan ana reitaki ae tamaaroa te Tautaeka ni Kiribati ma te Tautaeka n Aotiteeria rinanon te Bootaki n Reirei. E boboto te reitaki aio i aon katamaaroaan te reirei ibukiia ataein Kiribati ni kabane.

E boreetiaki te boki aio iroun te Library for All rinanon ana mwane ni buoka te Tautaeka n Aotiteeria.

Te Library for All bon te rabwata ae aki karekemwane mai Aotiteeria ao e boboto ana mwakuri i aon kataabangakan te ataibwai bwa e na kona n reke irouia aomata ni kabane. Noora libraryforall.org

Ko ataa arana riki teuana?

E moan boreetiaki 2022
E moan boreetiaki te katootoo aio n 2022

E boreetiaki iroun Library For All Ltd
Meeri: info@libraryforall.org
URL: libraryforall.org

E kariaiakaki te mwakuri aio i aan te Creative Commons Attribution-NonCommercial-No Derivatives 4.0 International License. E kona n nooraki katotoon te kariaia aio i aon http://creativecommons.org/licenses/by-nc-nd/4.0/.

Te korotaamnei iroun Clarice Masajo

Atuun te boki Ko ataa arana riki teuana?
Aran te tia korokaraki Etuare, Timon
ISBN: 978-1-922910-57-8
SKU02379

Ko ataa arana riki teuana?

Ko a tia n ataia ae iai aran bwaai tabeua n te taetae ni Kiribati aika kaokoro ma am atatai?

Te taamwaka bon te kau.

Te kuanga bon te bwaene.

Te kuro bon te bwaata.

Te raongbwaong bon te kamwaa.

Te bwaatika te iti bon te rebwerebwe.

Te tingkeang bon
te tiibwaati.

Te karenano bon
te kunnikai.

Te roobu bon te kariki.

Te kirii bon te kamea.

Te nimnainai bon te imnai.

Teraa riki te bwai ae ko ataia ae kaokoro arana i abam?

Ko kona ni kaboonganai titiraki aikai ni maroorooakina te boki aio ma am utuu, raoraom ao taan reirei.

Teraa ae ko reiakinna man te boki aio?

Kabwarabwaraa te boki aio.
E kaakamanga? E kakamaaku?
E kaunga? E kakaongoraa?

Teraa am namakin i mwiin warekan te boki aio?

Teraa maamaten nanom man te boki aei?

Karina ara burokuraem ni wareware
getlibraryforall.org

Rongorongoia taan ibuobuoki

E mmwammwakuri te Library For All ma taan korokaraki ao taan korotaamnei man aaba aika kakaokoro ibukin kamwaitan karaki aika raraoi ibukiia ataei.

Noora libraryforall.org ibukin rongorongo aika boou i aon ara kataneiai, kainibaaire ibukin karinan karaki ao rongorongo riki tabeua.

Ko kukurei n te boki aei?

Iai ara karaki aika a tia ni baarongaaki aika a kona n rineaki.

Ti mwakuri n ikarekebai ma taan korokaraki, taan kareirei, taan rabakau n te katei, te tautaeka ao ai rabwata aika aki irekereke ma te tautaeka n uarokoa kakukurein te wareware nakoia ataei n taabo ni kabane.

Ko ataia?

E rikirake ara ibuobuoki n te aonnaaba n itera aikai man irakin ana kouru te United Nations ibukin te Sustainable Development.

libraryforall.org

www.ingramcontent.com/pod-product-compliance
Lightning Source LLC
Chambersburg PA
CBHW040315050426
42452CB00018B/2848